W0329425

Karen Hickmann

Joachim Balfanz, Regina Berger, Anita Fiedler-Oruchan, Birgit Groschupp, Daniela Karle, Stefanie Kreutzfeld, Nurdan Örgüc, Ingrid Rehm-Kronenbitter, Kirsten Rothert, Annemarie Rucker, Markus Schubert, Edith Swatek, Sabine Wagner

navi

Ethik

Arbeitsheft 9/10

1. Auflage

Schroedel

© 2012 Bildungshaus Schulbuchverlage
Westermann Schroedel Diesterweg Schöningh Winklers GmbH,
Braunschweig
www.schroedel.de

Das Werk und seine Teile sind urheberrechtlich geschützt.
Jede Nutzung in anderen als den gesetzlich zugelassenen Fällen bedarf der vorherigen schriftlichen Einwilligung des Verlages. Hinweis zu § 52a UrhG: Weder das Werk noch seine Teile dürfen ohne eine solche Einwilligung gescannt und in ein Netzwerk gestellt werden. Dies gilt auch für Intranets von Schulen und sonstigen Bildungseinrichtungen.
Auf verschiedenen Seiten dieses Buches befinden sich Verweise (Links) auf Internetadressen.
Haftungshinweis: Trotz sorgfältiger inhaltlicher Kontrolle wird die Haftung für die Inhalte der externen Seiten ausgeschlossen. Für den Inhalt dieser externen Seiten sind ausschließlich deren Betreiber verantwortlich. Sollten Sie bei dem angegebenen Inhalt des Anbieters dieser Seite auf kostenpflichtige, illegale oder anstößige Inhalte treffen, so bedauern wir dies ausdrücklich und bitten Sie, uns umgehend per E-Mail davon in Kenntnis zu setzen, damit beim Nachdruck der Verweis gelöscht wird.

Druck A[1] / Jahr 2012
Alle Drucke der Serie A sind im Unterricht parallel verwendbar.

Druck und Bindung: westermann druck GmbH, Braunschweig

ISBN 978-3-427-**65045**-4

Inhalt

für Klasse 10 empfohlen

1. Notiere, was für dich zurzeit von besonderer Bedeutung ist.

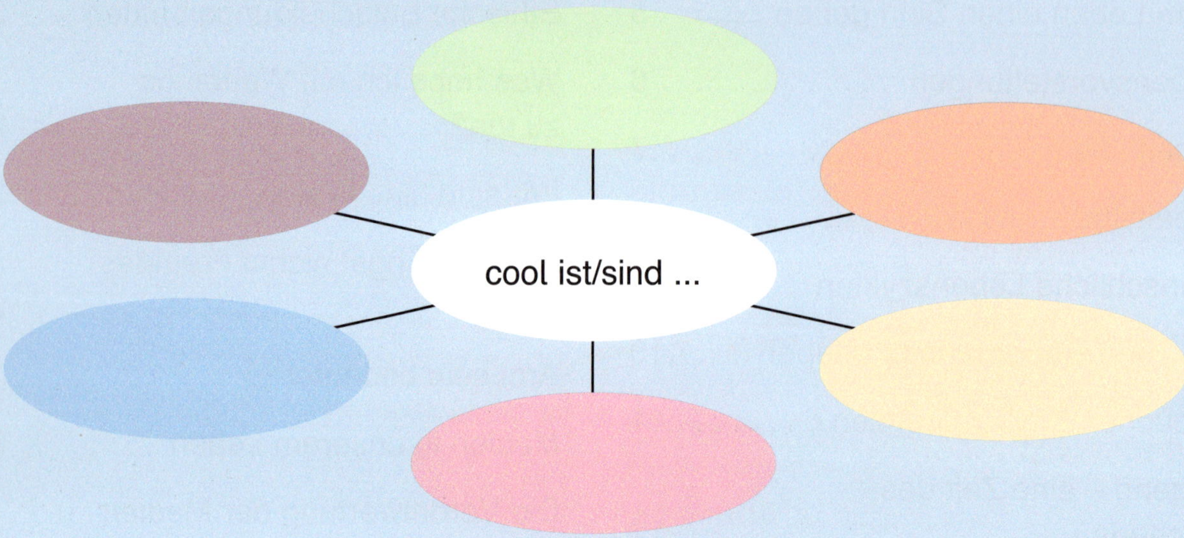

2. Welche Dinge davon spielen eine Rolle, wenn es um deine persönliche Lebensplanung geht? Weshalb sind sie wichtig?

____

____

____

____

3. Was kommt danach? Ergänze Möglichkeiten.

4. Formuliere deine persönlichen Ziele für dieses Abschlussjahr.

____

____

____

____

1. Notiere deine Gedanken zu den Fragen.

Was sind meine Talente?

Welcher Beruf wäre deshalb für mich geeignet?

Passt mein Freundeskreis zu meinen Vorstellungen?

Wie helfen wir uns?

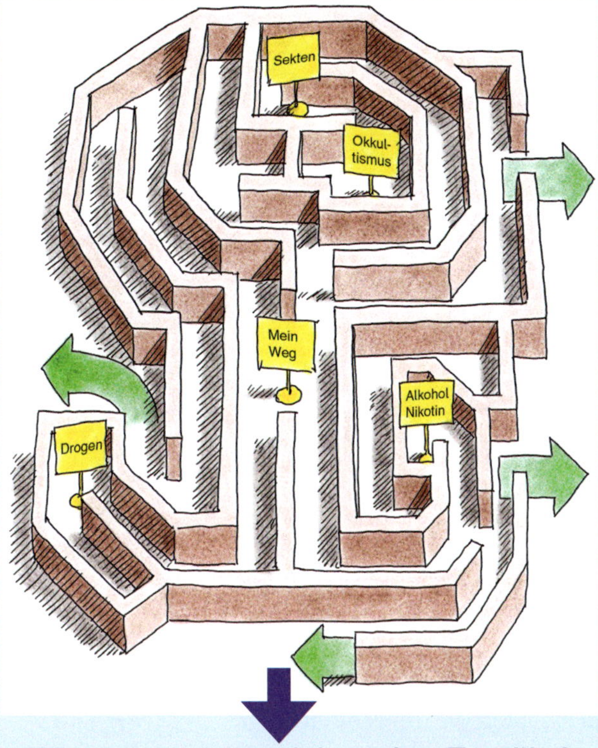

Wie unterstützt mich meine Familie?

2. Du stößt auf deinem Weg auf viele Sackgassen. Erkläre, weshalb diese bei deiner Sinnsuche keine Hilfe darstellen.

3. Vervollständige den begonnenen Satz.

Für mich besteht der Sinn des Lebens darin, dass ...

1. Was gehört für dich zu einem sinnerfüllten Leben? Schreibe entsprechende Begriffe in die Pyramide im Baumstamm. Beachte, dass das Wichtigste oben in der Spitze steht.
2. Gestalte deinen Lebensbaum weiter, indem du die Baumkrone mit Fragen ergänzt, die dich im Hinblick auf dein späteres Leben bewegen. Du kannst auch Wünsche und Hoffnungen einzeichnen oder benennen.

1. Finde zusammengesetzte Substantive, die verschiedene Arbeitsformen benennen.

2. Erkläre die folgenden Begriffe:

Akkordarbeit:

Gastarbeit:

3. Welche dieser Arbeiten möchtest du bzw. möchtest du nicht verrichten? Wähle je zwei Arten von Arbeit aus und begründe deine Antwort.

4. Welche Arbeitseinstellung geht aus diesen beiden Elfchen hervor?

Arbeit
viele Stunden
ohne längere Pausen
immer am Fließband stehen
ermüdend

Arbeit
Geld verdienen
erfolgreich Aufgaben lösen
mit netten Kollegen schwatzen
zufrieden

5. Schreibe selbst ein Gedicht oder Elfchen zum Thema Arbeit. Du kannst eine von dir erfundene Gedichtform benutzen oder jede Zeile mit dem Wort „Arbeit“ beginnen. Gestalte danach mit Bildern aus der Arbeitswelt.

1. Ergänze die folgende Übersicht mit Gründen, weshalb Menschen arbeiten.

Altersversorgung

2. Lies dir den Text durch und schreibe auf, weshalb Herr Becher arbeitslos wurde.

Herr Becher war bis vor 10 Monaten in einem großen Betrieb beschäftigt. Fünf Jahre arbeitete er in der Firma als Lagerarbeiter und wurde dann aufgrund von Rationalisierungsmaßnahmen arbeitslos. Computer ersetzen heute seine Arbeitskraft. Wegen mangelnder Fachkenntnisse konnte Herr Becher nicht anderweitig in seiner Firma eingesetzt werden. Bis jetzt ist es auch der Agentur für Arbeit nicht gelungen, ihm eine neue Stelle zu vermitteln.

____

____

3. Welche Gründe kann es noch für Arbeitslosigkeit geben?

____

____

4. Überlege, welche Gedanken Herrn Becher durch den Kopf gehen. Wie wird er sich fühlen?

____

____

5. Um sich nicht wertlos vorzukommen, engagieren sich arbeitslose Menschen auch im sozialen Bereich oder unterstützen Vereine. Benenne die zwei Möglichkeiten auf den Bildern und finde weitere.

____

____

____

____

Menschliche Lebenszyklen

Willkommen im Leben!

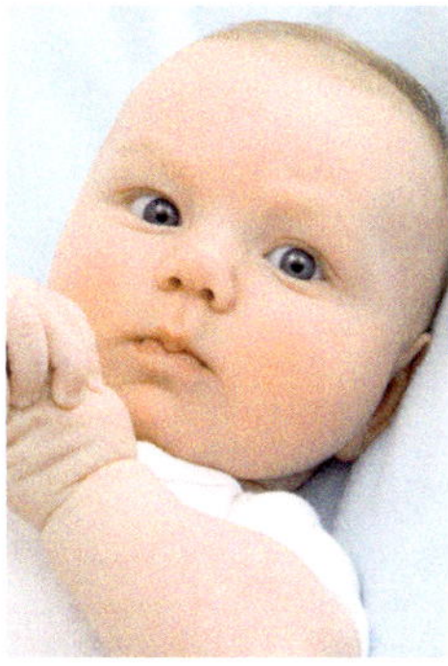

\+ –

\+ –

\+ –

\+ –

1. Benenne die einzelnen Lebensabschnitte.
2. Notiere Vorzüge und Nachteile innerhalb jedes Lebenszyklus.

Als Kind Geborgenheit erleben

Heute wachsen Kinder in sehr unterschiedlichen Familienformen auf. Entscheidend für eine gesunde Entwicklung und glückliche Kinder sind die Liebe und Geborgenheit, die sie dort erfahren.

1. Erkläre kurz folgende Begriffe.

Alleinerziehende: ______________________

Kernfamilie: ______________________

Großfamilie: ______________________

Patchworkfamilie: ______________________

2. Bezeichne deine Familienform genau. Wer gehört alles dazu?

____

____

3. Was ist dir aus deiner Kindheit noch als besonders schön in Erinnerung?

____

____

4. Betrachte das Bild und überlege, was passiert sein könnte. Wie würdest du handeln? Begründe deine Entscheidung.

____

____

____

____

Brauchen Kinder Grenzen?

Kinder wollen Grenzen und Regeln. Sie wünschen Klarheit. Sie wollen wissen, woran sie sind. Grenzen bieten dabei Hilfe, geben Schutz, bauen ein verlässliches System auf, in dem man sich – zumindest eine Zeit lang – zurechtfinden kann. Fehlende Grenzen verunsichern Kinder und beeinträchtigen ihre Entwicklung. Zugleich reizen Grenzen, die Räume jenseits davon kennenzulernen und zu erobern. An Grenzen zu stoßen, sich an ihnen zu reiben bedeutet für das Kind, Beschränkungen seiner momentanen Fähigkeiten und Möglichkeiten zu erkennen, und kann Kinder motivieren, Neues zu wagen und auszuprobieren.

1. Benenne gute Gründe, warum „Grenzen setzen" in der Erziehung sinnvoll ist.

2. Manche Eltern können und wollen ihren Kindern keine Grenzen setzen. Schreibe zwei mögliche Gründe dafür auf.

3. Finde Beispiele, wie sich inkonsequentes Erziehungsverhalten auf Kinder auswirken kann.

4. „Grenzenlose Erziehung" – schreibe kurz deine persönliche Meinung dazu auf.

5. Was wäre dir später bei der Erziehung eigener Kinder wichtig?

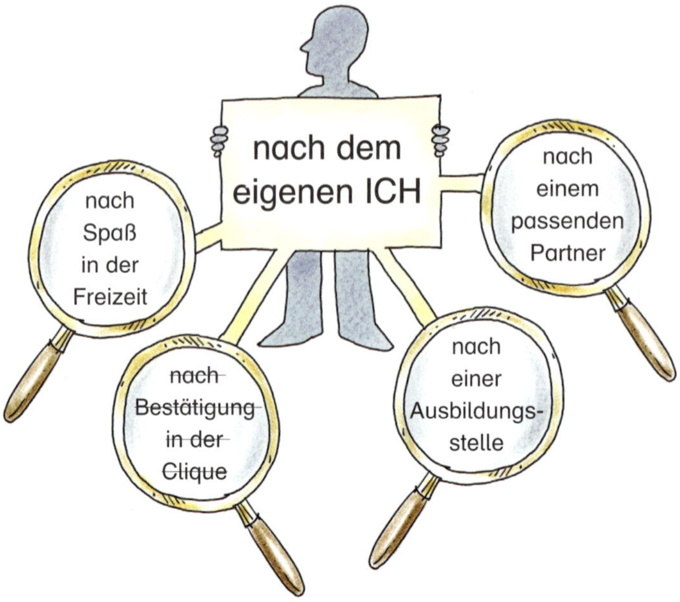

1. Kennzeichne die Felder farbig, die zurzeit für dich von besonderer Bedeutung sind.
2. Welche Probleme können zwischen den einzelnen Interessengebieten auftreten?

   ____

   ____

   ____

   ____

3. Das Zusammensein mit Gleichaltrigen in der Clique ist für Jugendliche zunehmend wichtig. Finde Gründe dafür.

   ____

   ____

   ____

   ____

4. Welche Regeln hältst du für so eine Gemeinschaft für wichtig?

   ____

   ____

   ____

5. Wie würdest du dich verhalten, wenn ein Freund aus eurer Clique einen schweren Fehler begeht? Findet in der Gruppe verschiedene Situationen und diskutiert über Lösungsmöglichkeiten.

Eine Freundin, einen Freund finden

1. Welcher Aussage kannst du mehr zustimmen? Begründe deine Meinung.

____

____

____

2. Welche Erwartungen hast du an eine Partnerschaft?
   Kreuze fünf Punkte an, die dir besonders wichtig sind.

   Es ist mir wichtig, dass ...

   - ○ wir die gleichen Interessen/Hobbys haben.
   - ○ meine Eltern den Freund/die Freundin akzeptieren.
   - ○ wir über alles sprechen können.
   - ○ wir uns treu sind.
   - ○ die eigene Clique den Freund/die Freundin toll findet.
   - ○ wir beide unsere Wünsche/Gefühle äußern können.
   - ○ wir uns nicht streiten.
   - ○ keiner den anderen unterdrückt.
   - ○ mein Freund/meine Freundin gut aussieht.
   - ○ jeder für sich entscheiden kann.
   - ○ wir niemals Langeweile haben.
   - ○ wir ungefähr gleichaltrig sind.

3. Erkläre den Ausspruch:

____

____

____

Frau	Mann

1. Klebe je ein Bild einer Frau und eines Mannes ein, das deinen Idealvorstellungen entspricht.
2. Suche dir aus folgenden Eigenschaften diejenigen aus, die du für typisch weiblich oder typisch männlich hältst, und schreibe sie darunter.
   herzlich, heiter, stark, ehrgeizig, unabhängig, selbstsicher, nachgiebig, launisch, verständnisvoll, vorsichtig, kinderlieb, hilfsbereit, schüchtern, eitel, sportlich, aktiv, aggressiv, zurückhaltend
3. Vergleicht eure Auswahl und sprecht über Unterschiede. Kennzeichne durch Pfeile, welche Aussagen auch auf das andere Geschlecht zutreffen.
4. Markiere farbig für dich typische Eigenschaften. Sind diese nun eher weiblich oder männlich? Zu welcher Feststellung kommst du?

Wie Männer sind ...

- ◯ *Männer spucken gern große Töne.*
- ◯ *Männer legen viel Wert auf ihre Arbeit.*
- ◯ *Männer wissen, wo es langgeht.*
- ◯ *Männer können nur eins nach dem anderen machen.*
- ◯ *Männer können Frauen nicht belügen.*
- ◯ *Männer hassen es, unrecht zu haben.*
- ◯ *Männer geben Sicherheit.*
- ◯ *Männer vertragen keine guten Ratschläge.*

1. Welcher Aussage stimmst du zu?

   Kreuze an.

   Diskutiert in der Klasse und begründet eure Meinungen.

2. Schreibe nun eigene Aussagen über Frauen auf.

   Vergleicht, welche Aussagen besonders häufig genannt werden.

Wie Frauen sind ...

____

____

____

____

____

3. Typisch Mann – typisch Frau! Gibt es das? Begründe.

____

____

____

4. Deine persönliche Meinung ist gefragt. Ergänze die Satzanfänge.

Eine Frau ist eine Frau, wenn ______________________________

____

Ein Mann ist ein Mann, wenn ______________________________

____

***Claudia**, 26 Jahre, Hausfrau und Mutter von zwei Kindern (2 und 4 Jahre):*
„Tom ist eben aus dem Haus gegangen und hat alles stehen und liegen lassen, wie es war. Aufräumen bleibt immer an mir hängen. Jeden Tag die gleiche Leier: seine Sachen wegräumen, die ganzen Kinderklamotten sortieren, aufräumen, waschen ... Es ist der totale Stress – auch wenn er's nicht glaubt und immer meint, am Abend müsste ich doch ganz ausgeruht sein, weil ich nicht zur Arbeit gehe!
Aber der ganze Tag besteht aus Organisieren, und jeder nimmt es als selbstverständlich, dass der Haushalt reibungslos läuft. Das Mädchen in den Kindergarten bringen, mit dem Kleinen zum Arzt, an die frische Luft, kochen für die Familie ... Für mich selbst bleibt da kaum Zeit!“

***Tom**, 29 Jahre, Angestellter und Vater von zwei Kindern (2 und 4 Jahre):*
„Ich weiß gar nicht, was Claudia immer hat! Die Entscheidung, dass sie zu Hause bleibt, haben wir gemeinsam getroffen – einfach, weil mein Gehalt deutlich höher ist. Ich mach meinen Job im Büro so gut ich kann; man will ja anerkannt sein, und der Chef fordert natürlich auch täglich vollen Einsatz. Das Büro muss immer perfekt organisiert, die Kunden müssen gut betreut sein! Claudia weiß gar nicht, wie meine Arbeit aussieht. Sie glaubt wohl, ich sitz da und drehe Däumchen ... Ich schone mich nicht, und da kann ich doch erwarten, dass zu Hause alles läuft. Natürlich wird es nicht immer ganz einfach sein mit den beiden Kindern, aber sie kann sich den Tag ja wirklich einteilen – im Gegensatz zu mir.“

1. Was tun Claudia und Tom den ganzen Tag über?

Claudia: ______________________________

____

Tom: ______________________________

____

2. Welches Problem ergibt sich daraus für ihre Partnerschaft?

____

3. Welche Tipps könntest du einer solchen Familie geben? Wie kann man die Probleme in den Griff bekommen?

____

____

4. Wie sollte Gleichberechtigung in deinem späteren Leben aussehen?

____

2007 lebten in Deutschland ca. 20 Millionen Rentner.
Das entspricht einem Viertel der Gesamtbevölkerung.

Lebenserwartung
Männer: 75 Jahre   Frauen: 80 Jahre

1. Schau dir die Bilder an und nimm Stellung zu der Überschrift.

____

____

2. Hat sich das Bild vom alten Menschen in der heutigen Zeit gewandelt?

____

____

3. Beende diese Sätze:

Ältere Menschen sind _______________________

Ältere Menschen haben _______________________

Ältere Menschen können _______________________

Ältere Menschen wissen _______________________

4. Wie wichtig sind dir ältere Menschen allgemein und auf deine Familie bezogen?

____

____

5. Wie würdest du dir mal dein Alter wünschen?

____

____

Lebensreise

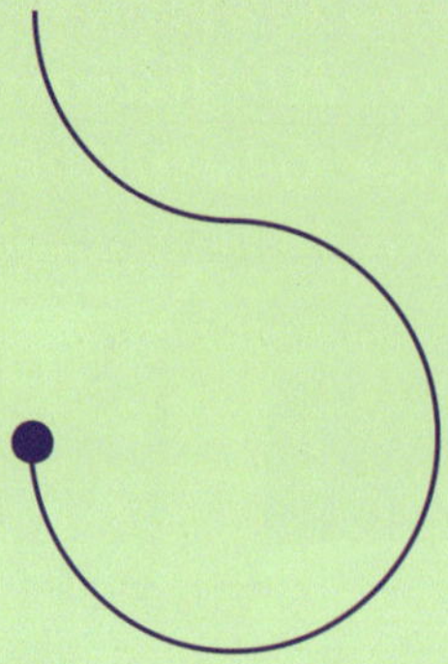

Das ist deine Lebensreise.
An dem dicken Punkt bist du auf die Welt gekommen.

1. Zeichne einen Strich ein, wo du dich deiner Meinung nach jetzt gerade befindest. Fällt dir die Aufgabe leicht? Begründe.

____

2. In irgendeiner Weise bist auch du sicher schon mit dem Thema Tod in Berührung gekommen. Ergänze Begriffe, die dir hierzu einfallen.

plötzlich ______________

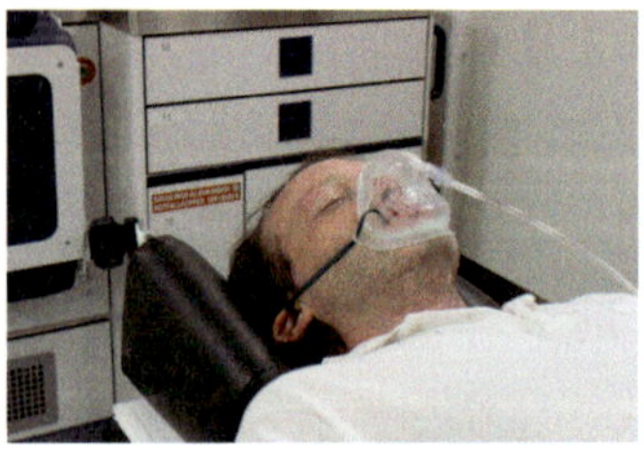

____

zu früh ______________

schleichend ______________

____

____

____

3. Gedanken zum Tod sind mit unterschiedlichen Vorstellungen verbunden. Sprecht gemeinsam über die Beispiele und ergänze zwei eigene Gedanken.

TOD

- ist eine Schnittstelle zwischen Diesseits und Jenseits
- ist ein langer, tiefer Schlaf
- ist nicht das Letzte
- ist die äußerste Grenze unseres Lebens
- Man gilt als tot, wenn der Gehirntod eintritt.
- ______________
- ______________

Die Trauer um einen Menschen wird von Wissenschaftlern in vier Phasen eingeteilt:

1. Nicht-wahrhaben-Wollen
Der Tod wird verdrängt. Beim Trauernden herrschen oft große Wut und Verzweiflung, sogar Panik vor. Schuldzuweisungen richten sich häufig gegen Ärzte, aber auch gegen andere Angehörige.

2. Aufbrechende Emotion
Der Hinterbliebene kann den Tod nicht begreifen. Im Vordergrund steht eine übergroße Sehnsucht nach dem Toten und die Hoffnung auf ein Wiedersehen. Viele Erinnerungen kommen hoch; die Realität wird als schmerzlich empfunden.

3. Suchen und sich trennen
Das Leben hat sich grundlegend verändert. Man hat kein Ziel mehr. Ein großer Schmerz entsteht bei den Hinterbliebenen, die nun erkennen müssen, dass der Verlust endgültig ist. Man sieht sich dem Zwang ausgesetzt, sein Leben neu zu gestalten.

4. Neuer Selbst- und Weltbezug
Die neue Situation wird bewältigt, obwohl immer wieder tiefe Trauer vorherrscht. Man steckt sich neue Lebensziele, versucht sich in neuen Rollen und entdeckt eventuell neue Fähigkeiten. Der Verstorbene kann zum inneren Begleiter werden.

1. Wie könntest du trauernden Menschen mit Worten und Gesten zur Seite stehen, damit sie die einzelnen Phasen besser überwinden?

____

____

____

2. Lies den Text und überlege, in welcher Phase sich die Mutter mehr Unterstützung gewünscht hätte. Welche Hilfe wäre möglich gewesen?

Eine Mutter, deren Kind gestorben ist, schreibt:
Ich habe selbst ein Kind verloren und betreue Eltern, die auch ein Kind verloren haben. Es ist schwer zu ertragen, dass man sich nicht nur von seinem Kind verabschieden muss, nein, man wird auch von seinen Freunden, Nachbarn, Bekannten und Kollegen gemieden, als hätte man eine ansteckende Krankheit. Ist es nicht natürlich, dass man traurig ist und weinen möchte und über sein verstorbenes Kind reden will?

____

____

3. Im Beispiel verarbeitet die Mutter den Verlust ihres Kindes durch die Tätigkeit in einer Selbsthilfegruppe. Finde weitere Möglichkeiten der Trauerarbeit.

____

____

Seele – selig – glückselig

Die Seele ist unsere Lebenskraft, der Träger des Lebens.
Dem Glauben nach ist die Seele eines Menschen unsterblich.
Sie wird im Tod vom Körper getrennt und geht in andere Welten ein.

1. Finde heraus, welche Auffassungen die Weltreligionen dazu haben. Was geschieht nach dem Tod mit der Seele?

2. Welches andere Wort würdest du gern verwenden, wenn du von deiner Seele sprichst?

3. Gibt es einen bestimmten Ort im Körper für die Seele?

4. Erkläre folgende Worte, indem du sie in einem Satz verwendest.

Seelsorger | Seelenverwandter | Seelenruhe | selig

5. Was möchtest du mit ganzer Seele tun?

Sprecht über die Gefühle des Seelenvogels und gestalte dein eigenes kleines Seelenbuch (Anleitung und Text dazu auf Seite 44).

Glück ist das höchste Gut, nach dem Menschen streben sollten.

– Aristoteles –

Man unterscheidet drei Bereiche:

Glück

als Augenblick	als Wunscherfüllung	als erreichtes Ziel, sinnerfülltes Leben

__________	__________	__________
__________	__________	__________

1. Ordne den Bildern je zwei weitere Beispiele zu.
2. Du hast dich bereits mit den verschiedenen Lebensstationen beschäftigt. Finde zu jeder Altersstufe zwei Aspekte, die in dieser Phase als Glück empfunden werden.

Kindheit	Jugend
__________	__________
__________	__________
Erwachsenenleben	**Alter**
__________	__________
__________	__________

3. Stimmst du diesem Ausspruch zu? **Glück kann jeder lernen!**

____

____

1. In den Kästchen findest du drei wichtige Begriffe aus der Ethik. Verbinde sie durch einen Pfeil mit der dazugehörigen Begriffserklärung.

Freiheit	Verantwortung	Gewissen
Das Gespür dafür, was gut und böse ist, „sagt" dem Menschen, was er tun soll oder hätte tun sollen, ohne ihn zu zwingen.	die Eigenschaft, frei wählen zu können, was man will (etwas zu tun oder zu lassen, Ja oder Nein zu sagen)	bei Entscheidungen eine Antwort in sich finden, die den Anforderungen des Umfeldes gerecht wird (für etwas einstehen, die Folgen tragen)

2. Ordne den drei Begriffen jeweils zwei Adjektive zu. Verwende Gegenbegriffe (z. B. diszipliniert – undiszipliniert).

____

____

____

Bei Entscheidungsfragen mahnt uns unser Gewissen, das Richtige zu tun. Da wir frei entscheiden können, gibt es mehrere Wege. Letztlich müssen wir aber für unser Handeln die Verantwortung übernehmen.

3. Vervollständige das Beispiel „Diebstahl" und erarbeite danach das Beispiel „Schwarzfahren" selbstständig.

Thema	Diebstahl	Schwarzfahren
Das Gewissen sagt:	Es ist ungerecht, anderen etwas wegzunehmen.	
Freiheit der Entscheidung	Ich lasse es. / Ich tue es trotzdem.	
Verantwortung dafür übernehmen heißt:		

4. Vergleicht eure Eintragungen und diskutiert darüber.

Ethische Argumente finden

Eine ethische Grundforderung heißt:
„Das Gute ist zu tun, das Böse ist zu unterlassen."

Dementsprechend werden Einstellungen und Handlungen überprüft, und es wird nach vernünftigen Argumenten gesucht.

↓

lat. *argumentum:* Beweis
Die Beweisführung muss schlüssig und damit überzeugend sein.

↙ Die Wahrheit der Aussage wird begründet.

↘ logisch einwandfrei

Die besseren Argumente siegen!

1. Übe das Begründen von Aussagen.

Es ist nicht richtig, wenn wir ausländische Mitbürger diskriminieren, weil

____

Mülltrennung geht alle an, weil

____

Kinder haben ein Recht auf Freizeit, weil

____

Schwarzarbeit ist verboten, weil

____

Jeder kann offen seine Meinung sagen, weil

____

2. Prüft gemeinsam, ob eure Argumente überzeugend sind und eine sachliche Grundlage haben.

3. Diskutiert in kleineren Gruppen die Frage:
„Soll man jedem helfen, dem man helfen kann?"
Bestimmt einen Schreiber, der die Argumente zusammenfasst, und einen Sprecher, der diese vorträgt.
Welche Gruppe hat besonders schlüssig und überzeugend argumentiert?

*In der **Medizinethik** werden Entscheidungen aus dem Bereich Gesundheit und Gesundheitsvorsorge vom ethischen Standpunkt aus betrachtet.*

Wichtige Themen sind:
- *Schutz des ungeborenen Lebens*
- *Sterilisation*
- *Gentechnik*
- *Sterbehilfe*

Beispiel: Sterbehilfe

Gesetzeslage in Deutschland

Aktive Sterbehilfe ist verboten. Passive Sterbehilfe ist aber erlaubt, wenn ein Patient dies eindeutig wünscht. Gesetzlich geregelt ist der Umgang mit entsprechenden Patientenverfügungen aber bisher noch nicht.

1. Erkunde, was unter aktiver und passiver Sterbehilfe zu verstehen ist.

___

___

___

Ein bitteres Dreivierteljahr

Nach einem Schlaganfall und einem dadurch bedingten Nierenversagen wurde Herr Freyberg an die Schläuche einer Dialyse angeschlossen. Es folgte eine lange, bittere Zeit bis zu seinem Tod. Von Anfang an hatte es keine Hoffnung auf Genesung gegeben. Seine Frau Margarete Freyberg beschloss deshalb, eine Patientenverfügung aufzusetzen, in der sie klar ihren Willen zum Ausdruck brachte, zu gegebener Zeit nicht mit künstlichen Mitteln am Leben gehalten zu werden. Angehörige wie auch der Hausarzt bezeugten, dass sie dabei bei klarem Verstand war.

Dann passierte es: Frau Freyberg drohte nach Herz- und Lungenversagen der akute Erstickungstod. Sie wurde bewusstlos ins Krankenhaus eingeliefert und auf die Intensivstation gebracht. Dort wurde sie künstlich ernährt, an Schläuche angeschlossen und per Computer überwacht. Die Patientenverfügung hing an ihrem Bett ...

2. Finde Gründe dafür, warum Frau Freyberg die Verfügung verfasst hat.

___

___

3. Welche Überlegungen haben die Ärzte wohl bewogen, so zu handeln?

___

___

4. Stell dir vor, du bist ein Angehöriger. Wie würdest du reagieren?

___

Frau Freyberg erholte sich nach einer Woche. Ihre Kinder atmeten auf und stellten betroffen fest, dass ihre Mutter jetzt tot wäre, wenn die Ärzte sich strikt an die Verfügung gehalten hätten.

5. Überdenke jetzt deine Antwort aus Aufgabe 4 noch einmal.

Was habe ich mit Weltethos zu tun?

1993 tagte in Chicago das „Parlament der Weltreligionen“ bestehend aus Vertretern aller Religionen. Dort wurde eine „Erklärung zum Weltethos“ unterzeichnet.

Die Gemeinsamkeiten aller Religionen finden sich in zwei Prinzipien wieder:

1. Prinzip: „Jeder Mensch muss menschlich behandelt werden!“

Notiere deine Gedanken dazu. Was schließt diese Forderung ein?

____

____

2. Prinzip ist die „Goldene Regel“ des gegenseitigen Respekts, da sie praktisch in allen Kulturen zu finden ist.

Erinnere dich an diese Formulierung und schreibe sie auf.

____

____

Hier findest du vier Grundregeln, die das Parlament der Weltreligionen beschloss.

Du sollst nicht töten! oder positiv **Hab Ehrfurcht vor dem Leben!**	**Du sollst nicht stehlen!** oder positiv **Handle gerecht und fair!**
Du sollst nicht lügen! oder positiv **Rede und handle wahrhaftig!**	**Du sollst die Sexualität nicht missbrauchen!** oder positiv **Achtet und liebt einander!**

Ergänze, was das für Staaten und was das für dich persönlich in deinem Umfeld bedeutet.

Wir sind eine Welt!

Durch eine ständige Weiterentwicklung der technischen Möglichkeiten und durch Förderung des Welthandels kommt es in vielen Bereichen zu einer immer stärkeren internationalen Verflechtung aller Staaten. Diesen Prozess bezeichnet man als **Globalisierung**.

Industrieländer	Schwellenländer	Entwicklungsländer
______	(= relativ stark industrialisiertes Entwicklungsland)	______
______	Brasilien	______
______	Mexiko	______
______	Südkorea	______

1. Ergänze wichtige Industrieländer und einige Entwicklungsländer.
2. Finde mithilfe von Zeitungen, Zeitschriften und Internet je ein Beispiel für die Verknüpfung auf den einzelnen Gebieten.

Wirtschaft: ______

Politik: ______

Umwelt: ______

Kommunikation: ______

3. Schau dir die Statistik an und vergleiche die Entwicklungs- mit den Industrieländern. Formuliere eigene Erkenntnisse.

______
______
______
______
______

Lebensbedingungen von Arm und Reich

Länder mit niedrigem und mittlerem Einkommen	Zugang zu sauberem Wasser (in % der Bevölkerung)	Zugang zu sanitären Einrichtungen (in % der Bevölkerung)	Kindersterblichkeit unter 5 Jahren (je 1 000 Kinder)	Besuch weiterführender Schulen (in % der Jugendlichen)	Krankenhausbetten (je 1 000 Einwohner)
Afrika südlich der Sahara	56	37	163	30	k.A.
Europa und Zentralasien	92	85	32	90	8
Lateinamerika und Karibik	91	77	31	86	k.A.
Naher Osten und Nordafrika	89	76	53	73	k.A.
Ostasien und Pazifik	79	51	33	71	3
Südasien	84	37	83	50	1
Industrieländer mit hohem Einkommen	100	100	7	100	6

© Globus Quelle: Weltbank 2007 1569

4. Welche globalen Probleme sind dir bekannt, die gemeinsam bewältigt werden müssen?

______

Armut – längst nichts Fremdes mehr

Täglich sterben weltweit ca. 25 000 Menschen an den Folgen von Unterernährung und Armut; drei Viertel davon sind Kinder unter fünf Jahren.

2008 ließen Millionen Menschen auf dem ganzen Erdball Luftballons gen Himmel steigen. Damit wollten sie die Regierungen aller Länder an ihr Versprechen erinnern, die Weltarmut bis zum Jahr 2015 um die Hälfte zu verringern. Im Jahr 2000 hatten dies 189 Staaten auf dem Millennium-Gipfel der Vereinten Nationen zu ihrem Ziel erklärt.

1. Welche Möglichkeiten siehst du, um auf diese Problematik aufmerksam zu machen?

2. Ist das Thema Armut nur ein Problem der Entwicklungsländer?

3. Wie stellt sich Armut in den Industrieländern dar? Notiere Beispiele und ergänze sie durch ein Bild oder einen Artikel aus der Tageszeitung. Sprecht über eure Beispiele und findet eine Möglichkeit, sie für andere sichtbar zu machen.

Bilder wie diese gehören auch zu unserem Alltag.

1. Worin siehst du die Ursachen für solche Erscheinungen?

____

____

____

2. Zunehmend sind auch Kinder von Armut betroffen.
   a) Worin zeigt sich das?
   b) Welche Auswirkungen hat das auf ihre Entwicklung?

____

____

____

____

3. Versuche, deine Gedanken und Gefühle in Worte zu fassen, und formuliere ein Elfchen oder ein Akrostichon.

Arm

oft verzichten

_______ _______ _______

_______ _______ _______ _______

____

A ______________________________

R ______________________________

M UTLOS

U ______________________________

T ______________________________

4. Welche Hilfseinrichtungen und Organisationen gibt es, um betroffene Familien zu unterstützen?

____

____

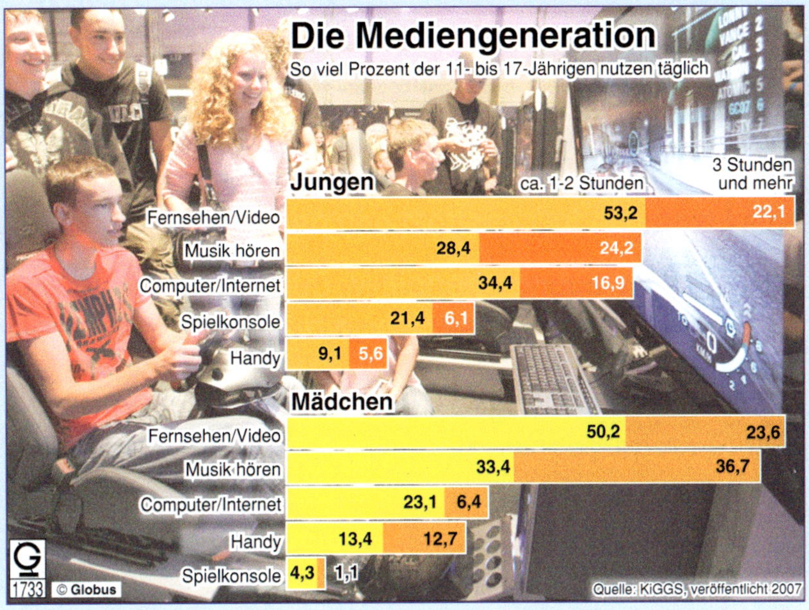

1. Was fällt dir am Medienkonsum von Jugendlichen auf?

   Gibt es besonders beliebte Medien?

   Warum?

2. Kreuze in der Grafik die Medien an, die du häufig nutzt.
3. Wozu benötigst du Medien hauptsächlich?

4. Ordne die genannten Medien aus der Grafik in die Tabelle ein. Vervollständige mit weiteren Medien.

Printmedien	Audiovisuelle Medien	Interaktive Medien

5. Woran könnte es deiner Meinung nach liegen, dass Printmedien nicht sehr beliebt sind?

Die Verantwortung der Medien und meine eigene

Medien sollten

informieren	bilden	unterhalten

1. Notiere dir bekannte Beiträge oder Sendungen aus Presse, Funk und Fernsehen, die diesen Aufgaben gerecht werden.
2. Welche Einstellung hast du zu den einzelnen Medien? Schreibe Wörter um die Bilder, die etwas über deren Bedeutung und deine Vorlieben aussagen.

3. Antworte auf die Fragen und begründe deine Aussagen.
   - **Verbringst du einen Großteil deiner Freizeit mit Medien?**

   - **Was ist dir am wichtigsten: Bildung – Information – Unterhaltung?**

   - **Wie wichtig ist dir Werbung im Fernsehen?**

   - **Könntest du dir einen Tag ohne Medien vorstellen?**

   - **Was heißt für dich „verantwortlicher Umgang mit Medien“?**

1. Wo überall begegnet dir Werbung?

2. Welche verschiedenen Aufgaben hat Werbung?

3. Erkläre den Begriff „Schleichwerbung“ und finde ein Beispiel dafür.

4. Welche Aufgabe hat die „Stiftung Warentest“? Wie kann sie dir bei Kaufentscheidungen helfen?

5. Bei Plakatwerbung müssen ästhetische und gestalterische Aspekte berücksichtigt werden. Was ist bei den folgenden Bereichen wichtig?

Farbe:

Motiv:

Sprache:

6. Suche dir eine Werbeanzeige aus der Zeitung aus oder fotografiere ein Plakat. Gestalte damit ein DIN-A4-Blatt und begründe, warum du dieses Beispiel für gelungen hältst. Beziehe dich dabei auf die drei genannten Bereiche aus Aufgabe 5.

Der Buddhismus hat seinen Ursprung im 6. Jahrhundert vor Christus. Die Lehre geht auf Siddharta Gautama zurück, der nach Jahren der Wanderschaft und Meditation als „Erleuchteter“ die Grundlagen der Religion schuf.

Beheimatet ist sie in mehreren asiatischen Ländern, wie der Mongolei, Japan, Birma, Thailand, Laos, Vietnam, Kambodscha, China, Korea, Indien und Sri Lanka.

1. Zeichne die genannten Länder farbig in die Karte ein.

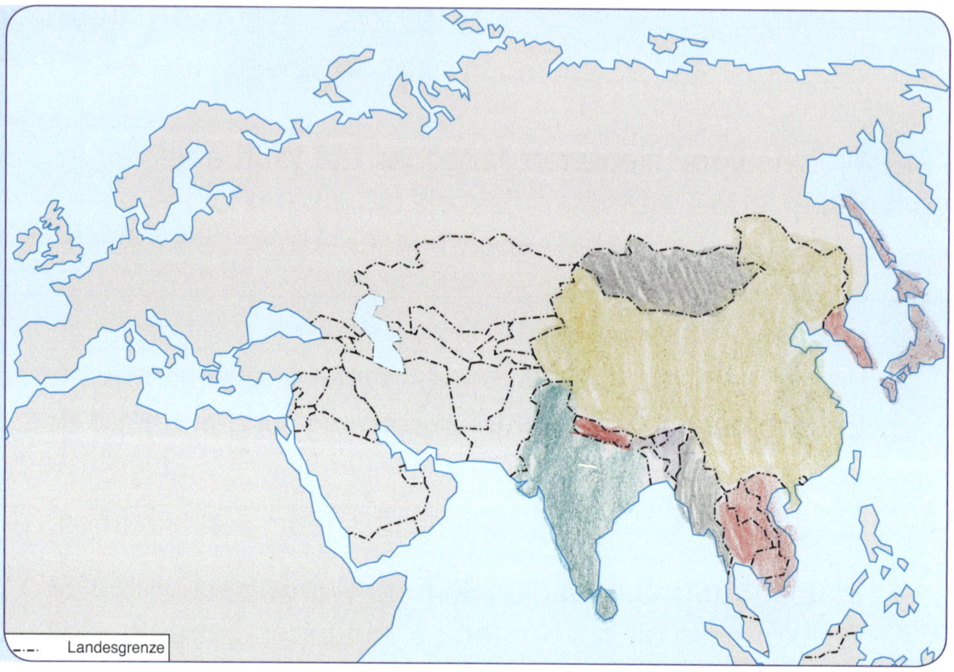

Die Gläubigen treffen sich in mehrstöckigen Tempeln, auch **Pagoden** genannt. Ihre schirmförmigen Dächer zeigen die verschiedenen Stufen zur Vollkommenheit, deren höchste sich an der Spitze in Form einer Kugel befindet.

Vor allem in Indien und anderen südasiatischen Ländern sind **Stupas** typisch. Das sind glockenförmige Kultbauten, in denen Reste von Buddhas Asche oder andere Reliquien aufbewahrt und verehrt werden.

____

____

2. Betrachte die Bilder und bezeichne die Versammlungsorte der Buddhisten genau.

... eine der Weltreligionen

Buddhas Lehren sind in Form von Schriftsammlungen überliefert. Die **Tripitaka** (bedeutet so viel wie „drei Körbe") wird von allen Buddhisten anerkannt.

Die wichtigste Lehre besagt, dass das Leben ein Kreislauf aus Geburt, Tod und Wiedergeburt ist.

Das Zeichen des Buddhismus ist das „Rad der Lehre".

Mit dem „Achtfachen Pfad" eröffnet Buddha einen Weg, aus dem Leid auszubrechen und zeigt, wie man Erleuchtung erlangen kann.

1. Ordne dem „Achtfachen Pfad" die rechts stehenden Umschreibungen durch Pfeile inhaltlich richtig zu.

Rechte Einsicht	Ich lüge nicht, verleumde niemanden und sage keine schlechten Worte.
Rechter Entschluss	Ich bemühe mich, unheilvolle Dinge abzuwenden.
Rechte Rede	Ich weiß von der Entstehung des Leidens und kenne den Weg der Aufhebung.
Rechte Tat	Ich tue nichts, was anderen Lebewesen schadet.
Rechter Wandel	Ich entschließe mich, stets das Beste zu tun.
Rechtes Streben	Ich höre in mich hinein und suche nach dem rechten Weg für mich.
Rechte Wachheit	Ich gebe negative Verhaltensweisen auf.
Rechte Versenkung	Ich wache über meinen Körper, denke positiv und lasse mich nicht von Gier leiten.

2. Erkläre das Wort „Meditation".

____

3. Welchen Zweck verfolgt sie?

____

4. Eine mögliche Form der Meditation ist das Ausmalen eines Mandalas. Probiere es auf Seite 43 aus.

Er wurde 563 v. Chr. im heutigen Nepal geboren und galt bereits nach seiner Geburt als hochbegabtes Kind. Seine Familie war adlig. Er wuchs wohlbehütet auf, heiratete und hatte einen kleinen Sohn. Mit 29 Jahren verließ er seine Familie, um bis zu seinem Tod als Bettelmönch zu leben.

Durch enthaltsame Lebensweise (Askese) wollte er zur Erleuchtung gelangen. Er forderte das Äußerste von sich. Aber erst nach 49 Tage unter dem Bodhi-Baum war er an seinem Ziel. Mit ~~Entsagung~~ 35 Jahre und nach sechs Jahren Entsagung u. Meditation durfte er den Namen Buddah – der Erleuchtete – tragen. Mit seinen Lehren setzte er das Rad der Lehre in Bewegung. Im Jahre 483 v. Chr. starb Buddha im Alter von 80 Jahre. Seine Lehren wurden zunächst mündlich überliefert.

1. Lies den Text und setze folgende Angaben richtig ein.
   49 Tage, Askese, 29 Jahren, 563 v. Chr., Buddha, Bettelmönch, Entsagung und Meditation, 35 Jahren, 80 Jahren, 483 v. Chr., das Rad der Lehre, mündlich

2. Welche Buddha-Darstellung erscheint dir passender? Warum?

____

____

____

1

2

Überprüfe dein Wissen

Name der Religion: Buddhismus
Symbol: Rad der Lehre
Gebetshaus: Pagoden
Heilige Schrift: Tripitaka
Glaube an: Buddha / Erleuchtung
Fest:

Klebe Bilder und Texte auf farbiges Papier und fertige damit kleine Kärtchen an. Du kannst sie wie eine Lernkartei benutzen oder ein Legespiel damit spielen. Hebe sie gut auf, denn bei jeder neuen Religion kommen weitere hinzu.

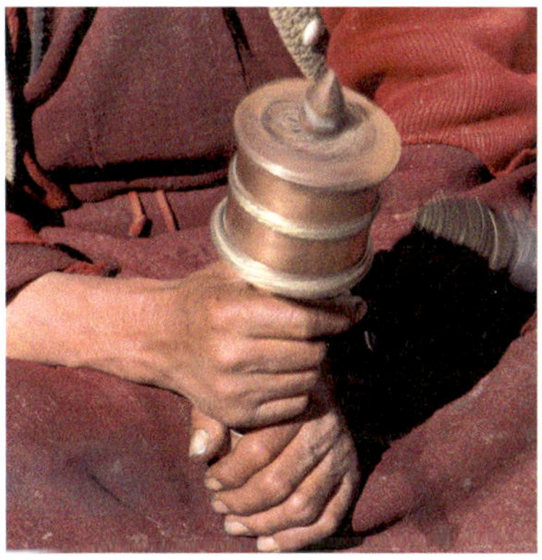

Mandala	= Prinz Siddharta Gautama „der Erleuchtete“
Pagode	= Meditationsform – führt zu Ruhe und Konzentration auf sich selbst
Buddha	= buddhistischer Tempel mit mehreren Stockwerken
Gebetsmühle	– leben enthaltsam ohne jeden Besitz und befolgen 220 Verhaltensregeln
Mönche	= Kultgegenstände in buddhistischen Klöstern, die darauf warten, bewegt zu werden

Hinduismus – eine der Weltreligionen

Der Hinduismus ist die älteste aller Weltreligionen. Sein Symbol ist die heilige Silbe „Om“. Sie steht für Körper, Geist und Unbewusstes. Der Begriff „Hindu“ leitet sich von dem Sanskritwort „sindhu“ (= Fluss) ab und bezeichnet jene Bewohner, die am Indus siedelten. Später wurde der Begriff für das Land Indien und seine Bevölkerung verwendet. Der Hinduismus entstand etwa 1 800 Jahre vor Christi Geburt und umfasst eine Vielzahl von Glaubensrichtungen und Göttern. Dabei grenzt keiner den Andersgläubigen aus.

Heute gibt es über 800 Millionen Hindus weltweit, ein Großteil lebt in Indien. Als heilige Schrift gelten die vier Veden (= heiliges Wissen). Sie sind die wichtigste göttliche Offenbarung.

1. Unterstreiche im Text farbig folgende Angaben:

Alter der Religion **Anhängerzahl** **Verbreitung**

heilige Schrift **Symbol**

2. Was weißt du über das Land Indien und das Leben der Bevölkerung?

____

____

____

Hindus besuchen einen Tempel, wenn sie Hilfe und Zuspruch von einer Gottheit brauchen. Es gibt keine festen Gebetszeiten, es herrscht ein ständiges Kommen und Gehen. Ihre Tempel haben die Form eines heiligen Berges, der die Menschen auf der Erde mit den Göttern im Himmel verbinden soll. Am Eingang wird eine Glocke geschlagen, um sich anzumelden und böse Einflüsse zu vertreiben.

Hindus beten vor einer Statue in der Tempelmitte oder zu Hause vor ihrem eigenen Altar. Sie zünden Räucherstäbchen an, schenken ihrem Gott Blumen oder Speisen.

3. Zeichne Kultgegenstände auf den Hausaltar.

Der Glaube der Hindus

Jeder Hindu glaubt, dass die menschliche Seele ewig ist und nach dem Tod in einem anderen Lebewesen (Pflanze, Tier oder Mensch) weiterlebt. Das richtige Handeln hat Auswirkungen auf die spätere Daseinsform.

1. Wie wirkt sich diese Vorstellung auf das Verhalten der Menschen aus?

____

____

Hindus haben viele Götter. Die wichtigsten sind:

Brahma (der Schöpfer)

= Vierköpfiger Schöpfergott
- blickt in alle vier Himmelsrichtungen
- hält die vier Veden in vier Händen

Vishnu (der Bewahrer)

- sorgt dafür, dass die Schöpfung keinen Schaden nimmt
- kann jede Gestalt annehmen

Shiva (der Zerstörer und Neuschöpfer)

- setzt den Lauf der Welt in Gang, um sie am Ende zu zerstören
- trägt einen Dreizack
- Glöckchen am Fußgelenk

Im Hinduismus heißt es: „Es ist einem Vogel nicht möglich, nur mit einem Flügel zu fliegen." Deshalb haben alle drei Götter eine Frau an ihrer Seite.

Parvati
Göttin der mütterlichen Güte und Wohltätigkeit

Sarasvati
Göttin der Wissenschaft

Lakshmi
Göttin der Schönheit und des Glücks

2. Ordne die Texte durch Pfeile dem richtigen Götterbild zu.
3. Ähnlich wie der Buddhismus hat sich auch der Hinduismus in Westeuropa ausgebreitet. Welche Einflüsse sind dir bekannt?

____

____

Name der Religion: ____________________

Symbol: ____________________

Gebetshaus: ____________________

Heilige Schrift: ____________________

Glaube an: ____________________

Fest: ____________________

Klebe Bilder und Texte auf farbiges Papier und fertige damit kleine Kärtchen an. Du kannst sie wie eine Lernkartei benutzen oder ein Legespiel damit spielen. Hebe sie gut auf, denn bei jeder neuen Religion kommen weitere hinzu.

Brahma	– haben die Form eines heiligen Berges – im Zentrum befindet sich eine Figur der Gottheit aus Stein oder Metall
Guru	= ältester Hauptgott des Hinduismus – hat das Universum geschaffen
Tempel	= spiritueller Lehrer (Halbgott), den man verehrt und dem man Gehorsam schuldet
heilige Kühe	– Bad im Fluss Ganges dient der Reinigung der Seele – Wunsch eines jeden Hindus
Reinigungs-ritual	– symbolisieren die Heiligkeit der Erde – dürfen nicht getötet werden

Das Wort „Mandala“ bedeutet Kreis.

Lass das Mandala zunächst auf dich wirken. Betrachte es still und ohne Ablenkung von außen nach innen.

Wie hast du dich während der Betrachtung des Mandalas gefühlt?

Wenn es dir Spaß gemacht hat, kannst du auch eigene Mandalas entwerfen oder mit Naturmaterialien legen.

Fotografiere das entstandene Bild und gestaltet in der Klasse eine kleine Ausstellung mit euren Werken.

Er macht vor lauter Glück **Freudensprünge.**

Er ist **verärgert** und **wütend.**

Er macht sich **ganz klein** und möchte sich am liebsten **verstecken.**

Er ist **hilflos** und **weiß nicht weiter.**

Er ist sehr **unglücklich** und **bedrückt.**

Es **geht ihm gut,** er **fühlt sich wohl.**

Faltanleitung

1. Schneide das Blatt an der gestrichelten Linie aus.
2. Falte es dann jeweils an den grünen Linien und klapp es anschließend wieder auf.
3. Klappe nun das Blatt längs an der blauen Linie zusammen. (Bilder außen)
4. Schneide die rote Linie an der gefalteten Kante auf. (Spalt entsteht)
5. Halte das gefaltete Blatt an den äußeren beiden Seiten fest und schiebe sie aufeinander zu, bis sie sich berühren. Dabei gehen die inneren beiden Rechtecke auseinander.

Gestaltung

Lies nun die jeweiligen Aussagen in dem Viereck und überlege, zu welchem Bild sie gehören. Klebe den Text zu dem passenden Bild des Seelenvogels.

Ergänze die freien Seiten des Büchleins.

Bei der Gestaltung kannst du auch passende Farben wählen.

Bildquellen:
Snunit, Michal, Der Seelenvogel © **Carlsen Verlag** GmbH, Hamburg, 1991: 21 – © **Fotolia.com:** Alix Marina: 37 (li. u.); Arcurs, Yuri: 9 (o. re.); Barnett, Stacy: 18 (o. li.); bilderbox: 18 (u. re.); Blakkolb, Andreas: 34 (re.); Falk: 37 (o. M.); Franz, Boris: 17 (3); Güttler, Susanne: 30 (li.); Heim, Ramona: 17 (6); Homann, Michael: 8 (li.); Ilandrea: 23 (M.); ItinerantLens: 35 (o. li.); Jean-Luc-Barmaverain: 18 (o. re.); JeremyRichards: 41 (li. M.); Kollidas, Georgios: 35 (o. re.), 36 (M.), 37 (Rad); Lucky Dragon: 10 (u.), 36 (u. li.); manu: 17 (1); Mellimage: 23 (re.); Nabil BIYAHMADINE: 36 (u. re.); Part-Time-Explorer: 39; pepe: 29 (li.); rootsartz: 41 (o. M.); Schmid, Martin: 23 (li.); Schnepf, Siegfried: 41 (li. o.); Stickerschmiede: 18 (li.); Tuffé, Olivier: 18 (u. li.); van den Berg, Simone: 13; Wunder, Ralf: 29 (re.); Young, Lisa F.: 8 (re.) – Elisabeth Galas, Bad Neuenahr: 34 (o.) – **Globus Infografik**: 25, 31 – Tausch-Flammer, D., Bickel, L., Lebensreise, Wenn Kinder nach dem Sterben fragen © **Herder Verlag,** Freiburg, 1994: 18 (o.) – **MEV Verlag,** Augsburg: 9 (o. li., u. li., u. re.), 10 (o.), 15, 16, 17 (2, 4, 5), 35 (u. re.), 37 (li. M.), 41 (li. u.) – **picture-alliance:** 30 (re.), 33, 34 (li.), 37 (o. li., o. re.), 41 (o. re.)

Grafik: Hendrik Kranenberg, Drolshagen